Qu'est-ce que COVID-19?

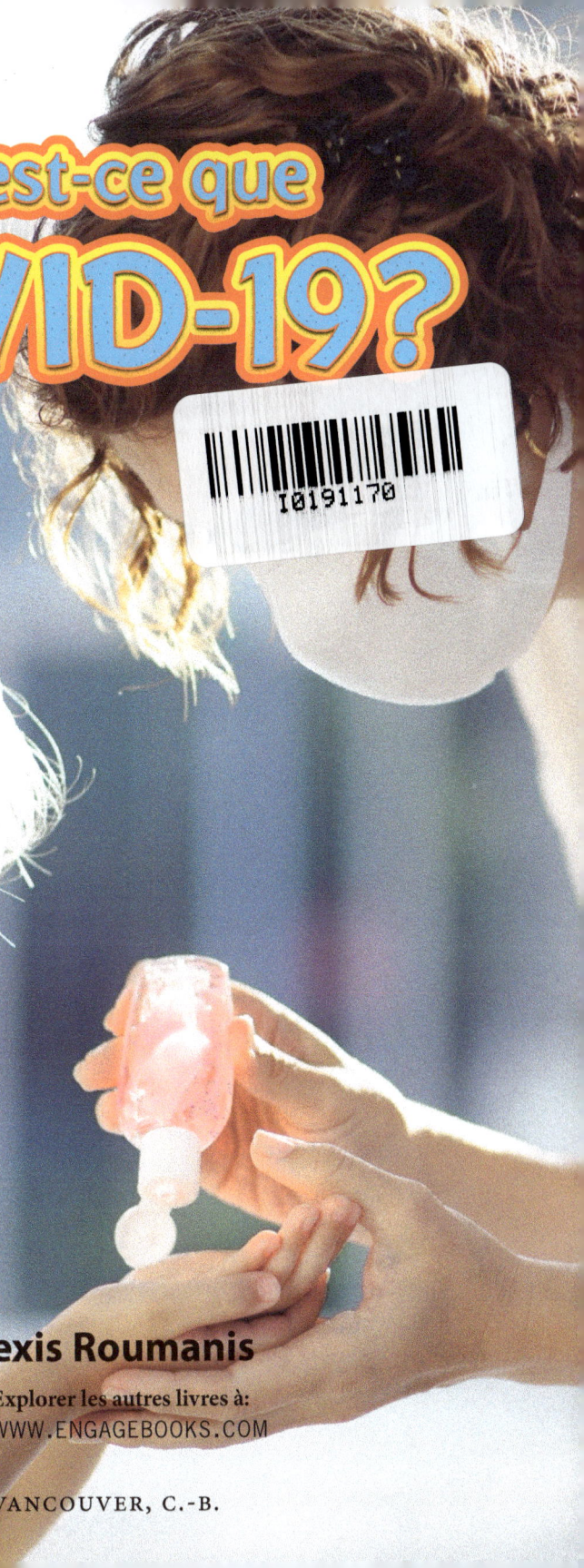

Alexis Roumanis

Explorer les autres livres à:
WWW.ENGAGEBOOKS.COM

VANCOUVER, C.-B.

ℓ WWW.ENGAGEBOOKS.COM

Qu'est-ce que COVID-19? Niveau 1
Roumanis, Alexis 1982 –
Texte © 2020 Engage Books
Design © 2020 Engage Books

Édité par Jared Siemens & Vanessa Bruno
Traduction par Pauline CAO
Design de couverture par A.R. Roumanis

Texte poser en Arial Bold.
L'en-tête des chapitres sont poser
en Arial Bold.

PREMIÈRE EDITION / PREMIERE IMPRESSION

BIBLIOTHÈQUE ET ARCHIVES CANADA CATALOGAGE AVANT PUBLICATION

Titre: Qu'est-ce que COVID-19? Niveau de lecture 1 (cycle 1) / Alexis Roumanis.
Autres titres: What is COVID-19? Level 1 reader. Français

Noms: Roumanis, Alexis, author.
Description: Traduction de : What is COVID-19? Level 1 reader.

Identifiants: Canadiana (livre imprimé) 20200226673 | Canadiana (livre numérique) 20200228684
ISBN 978-1-77437-317-0 (couverture rigide). –
ISBN 978-1-77437-318-7 (couverture souple). –
ISBN 978-1-77437-319-4 (pdf). –
ISBN 978-1-77437-320-0 (epub). –
ISBN 978-1-77437-321-7 (kindle). –

Vedettes-matière:
RVM: COVID-19—Ouvrages pour la jeunesse.
RVM: COVID-19—Prévention—Ouvrages pour la jeunesse.
RVM: Infections à coronavirus—Ouvrages pour la jeunesse.

Classification: LCC RA644.C68 R6814 2020 | CDD J614.5/92—DC23

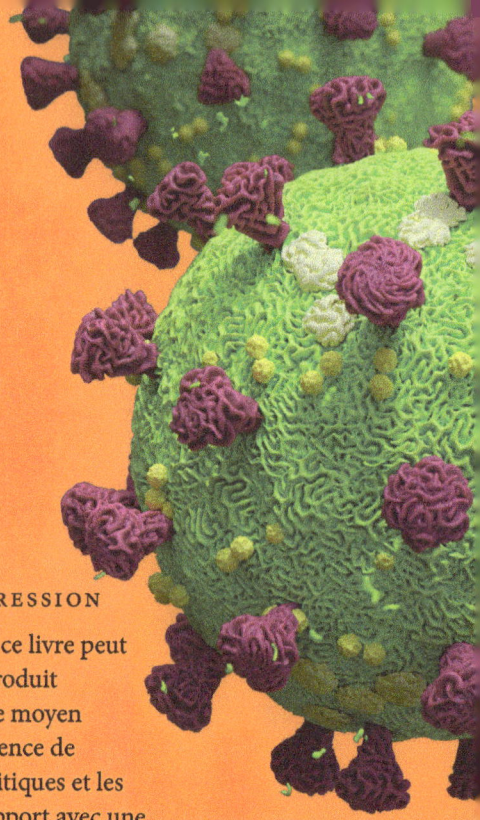

Sommaire

Qu'est-ce qu'un virus?

Un virus est
un minuscule
microbe.

Il peut survivre à l'intérieur des formes de vie.

6

Le COVID-19 est une sorte de virus.

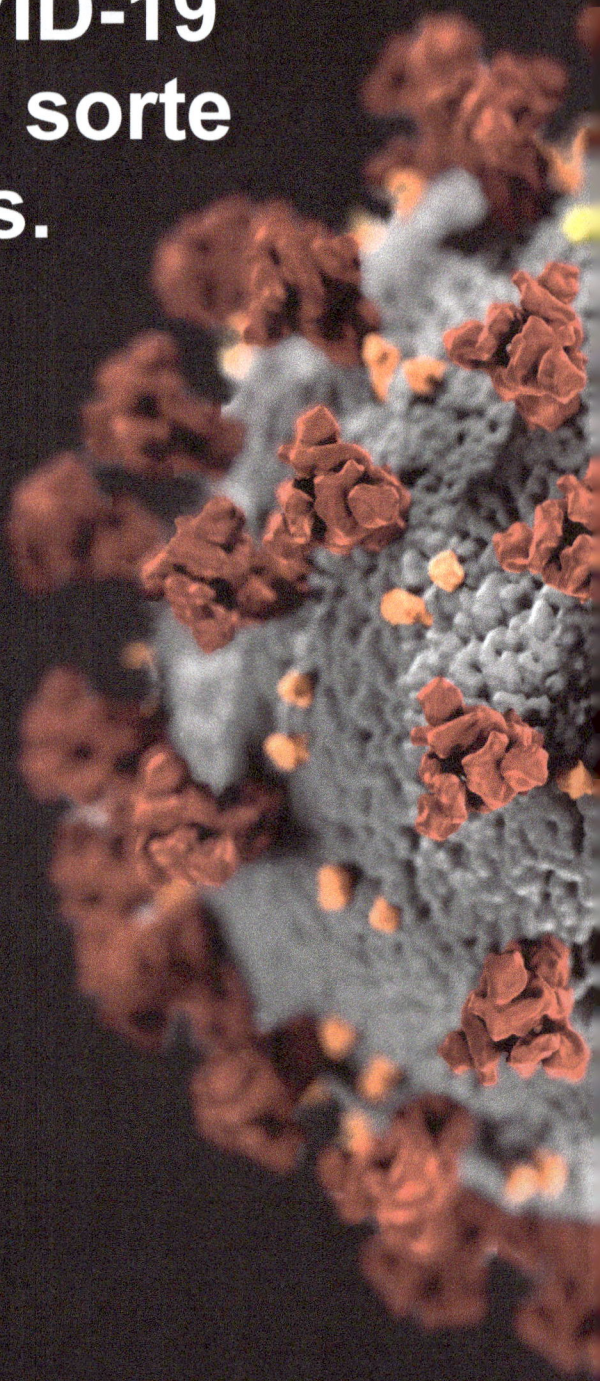

Il peut survivre à l'intérieur d'une personne.

Comment se sentent les personnes avec le COVID-19?

Le COVID-19 peut faire sentir les personnes malades.

Les personnes
peuvent tousser ou
se sentir fiévreuses.
Certaines peuvent
trouver difficile
de respirer.

Comment se transmet le COVID-19?

Les personnes peuvent attraper le COVID-19 en étant en contact avec d'autres personnes.

Le virus peut aussi vivre sur les choses que les autres personnes touchent.

12

Comment arrêter le COVID-19?

Ne touche pas tes yeux, ton nez ou ta bouche.

Pour ne pas tomber malade, lave-toi les mains avec du savon.

Éternue ou tousse dans ton coude.

Ne partage pas ta nourriture ou tes boissons.

14

Comment le COVID-19 touche-t-il les adultes?

Les adultes les plus âgés peuvent avoir des difficultés à se battre contre le virus.

15

Ils peuvent devenir très malade s'ils attrapent le COVID-19.

Comment le COVID-19 touche-t-il les enfants?

Le COVID-19 ne rend pas souvent les enfants malades.

Les enfants peuvent tout de même porter le virus.

18

Rester éloignés les uns des autres

Tu peux aider à arrêter le COVID-19.

19

Le meilleur moyen est de rester éloigné les uns des autres. Les docteurs disent que la distance de sécurité est de 6 pieds (2 mètres).

Rester à la maison

Beaucoup de personnes restent à la maison avec leur famille.

Cela permet de garder tout le monde en sécurité.

Aider les hôpitaux

Rester à la maison permet aux hôpitaux de ne pas devenir trop occupés.

Cela aide les docteurs et les infirmièrs à s'occuper des personnes malades.

24

Qu'est-ce qu'un vaccin?

Les scientifiques et les docteurs fabriquent un médicament contre le COVID-19. Ce médicament s'appelle un vaccin.

25

Ils espèrent fabriquer le vaccin contre le COVID-19 dans à peu près 18 mois.

Aller à l'école

Beaucoup d'enfants suivent l'école depuis la maison. Cela permet de garder les professeurs et les autres enfants en bonne santé.

Il est important que tu fasses aussi ce que tu peux pour garder tout le monde en bonne santé.

28

Comment se laver les main?

Pour ne pas attraper le COVID-19, tu dois te laver souvent les mains. Tu as peut-être touché quelque chose que d'autres ont touché. Cela peut être une poignée de porte, une rampe d'escalier ou un comptoir. Ne touche jamais tes yeux, ton nez ou ta bouche. C'est de cette manière que le COVID-19 entre dans ton corps. Se laver les mains pendant au moins 20 secondes avec du savon peut tuer le COVID-19.

1. Utilise du savon.

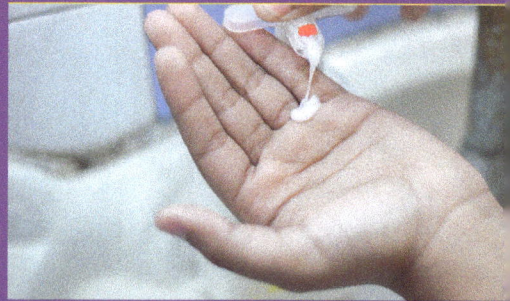

2. Lave chaque paume.

3. Lave le dos de tes mains.

29

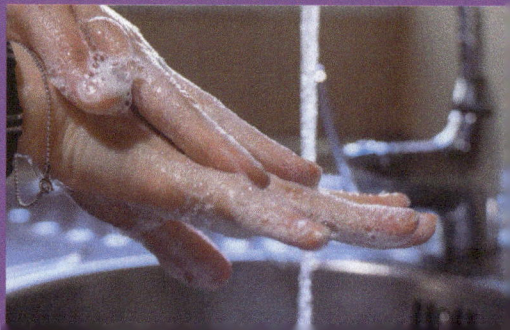

4. Lave entre tes doigts.

5. Lave la base de chaque pouce.

6. Lave tes ongles dans la paume.

7. Rince tes mains.

8. Sèche tes mains.

Quiz

Teste tes connaissances sur le COVID-19 en répondant aux questions suivantes. Les questions sont basées sur ce que tu viens de lire dans ce livre. Les réponses sont disponibles dans le bas de la page suivante.

1 Où peut survivre le virus?

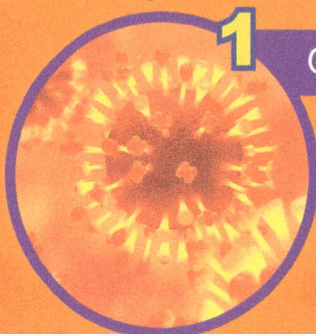

2 Quelles personnes peuvent avoir des difficultés à combattre le COVID-19?

3 Est-ce que les enfants peuvent être porteurs du virus?

4 À quelle distance éloignées les personnes doivent rester?

5 Quelle sorte de médicament peut arrêter le COVID-19?

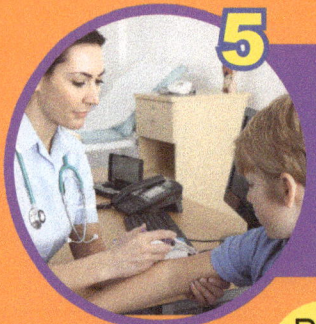

6 Pour combien de temps doit-on se laver les mains avec du savon?

Explore les autres niveaux de la série sur le COVID-19.

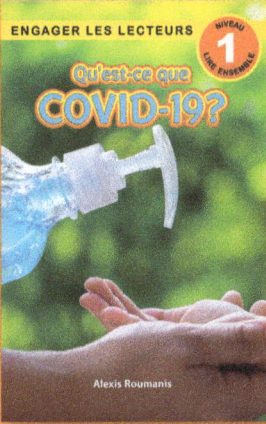

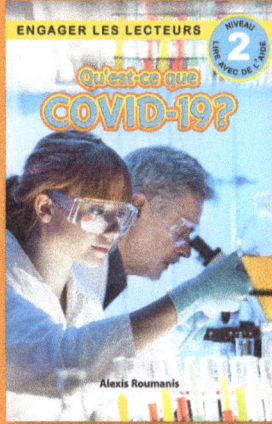

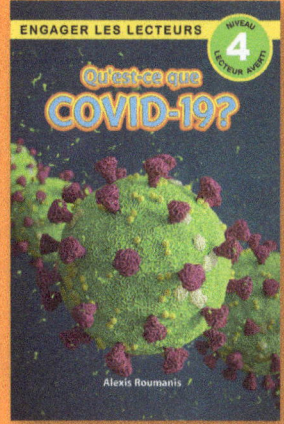

Visite www.engagebooks.com pour en connaître plus sur Engager les lecteurs.

À propos de l'auteur

Alexis Roumanis a été diplômé du programme de master en édition de l'Université Simon Fraser en 2009. Depuis, il a édité des centaines de livres pour enfants et écrit plus de 100 livres éducatifs. Son public comprend des enfants de la maternelle jusqu'en classe de 12ième année ainsi que des étudiants universitaires. Alexis vit avec sa femme et ses trois jeunes garçons en Colombie-Britannique, au Canada. Il aime le plein air, lire un bon livre et a une passion pour apprendre de nouvelles choses.

Réponses: 1. Dans une forme de vie 2. Les adultes les plus âgés 3. Oui 4. 6 pieds (2 mètres) 5. Un vaccin 6. Au moins 20 secondes

www.ingramcontent.com/pod-product-compliance
Lightning Source LLC
Chambersburg PA
CBHW040227040426
42331CB00039B/3447